心一堂術數古籍珍本叢刊

書名：章仲山嫡傳秘鈔《秘圖》《節錄心眼指要》合刊【原（彩）色本】
系列：心一堂術數古籍珍本叢刊　堪輿類　無常派玄空珍秘　第二輯　208
作者：【清】章仲山撰、【清】王介如輯撰
主編、責任編輯：陳劍聰
心一堂術數古籍珍本叢刊編校小組：陳劍聰　素聞　鄒偉才　虛白盧主

出版：心一堂有限公司
通訊地址：香港九龍旺角彌敦道六一〇號荷李活商業中心十八樓〇五－〇六室
深港讀者服務中心：中國深圳市羅湖區立新路六號羅湖商業大廈負一層〇〇八室
電話號碼：(852)67150840
網址：publish.sunyata.cc
電郵：sunyatabook@gmail.com
網店：http://book.sunyata.cc
淘寶店地址：https://shop210782774.taobao.com
微店地址：https://weidian.com/s/1212826297
臉書：https://www.facebook.com/sunyatabook
讀者論壇：http://bbs.sunyata.cc/

版次：二零一八年四月初版
平裝
定價：港幣　三百九十八元正
新台幣　一千五百八十八元正
國際書號：ISBN 978-988-8316-63-2

香港發行：香港聯合書刊物流有限公司
地址：香港新界大埔汀麗路36號中華商務印刷大廈3樓
電話號碼：(852)2150-2100
傳真號碼：(852)2407-3062
電郵：info@suplogistics.com.hk

台灣發行：秀威資訊科技股份有限公司
地址：台灣台北市內湖區瑞光路七十六巷六十五號一樓
電話號碼：+886-2-2796-3638
傳真號碼：+886-2-2796-1377
網絡書店：www.bodbooks.com.tw
台灣國家書店讀者服務中心：
地址：台灣台北市中山區松江路二〇九號一樓
電話號碼：+886-2-2518-0207
傳真號碼：+886-2-2518-0778
網絡書店：http://www.govbooks.com.tw

中國大陸發行　零售：深圳心一堂文化傳播有限公司
深圳地址：深圳市羅湖區立新路六號羅湖商業大廈負一層〇〇八室
電話號碼：(86)0755-82224934

心一堂微店二維碼

心一堂淘寶店二維碼

心一堂術數古籍 珍本 整理 叢刊 總序

術數定義

術數，大概可謂以「推算（推演）、預測人（個人、群體、國家等）、事、物、自然現象、時間、空間方位等規律及氣數，並或通過種種『方術』，從而達致趨吉避凶或某種特定目的」之知識體系和方法。

術數類別

我國術數的內容類別，歷代不盡相同，例如《漢書・藝文志》中載，漢代術數有六類：天文、曆譜、五行、蓍龜、雜占、形法。至清代《四庫全書》，術數類則有：數學、占候、相宅相墓、占卜、命書、相書、陰陽五行、雜技術等，其他如《後漢書・方術部》、《藝文類聚・方術部》、《太平御覽・方術部》等，對於術數的分類，皆有差異。古代多把天文、曆譜、及部分數學均歸入術數類，而民間流行亦視傳統醫學作為術數的一環；此外，有些術數與宗教中的方術亦往往難以分開。現代民間則常將各種術數歸納為五大類別：命、卜、相、醫、山，通稱「五術」。

本叢刊在《四庫全書》的分類基礎上，將術數分為九大類別：占筮、星命、相術、堪輿、選擇、三式、讖諱、理數（陰陽五行）、雜術（其他）。而未收天文、曆譜、算術、宗教方術、醫學。

術數思想與發展——從術到學，乃至合道

我國術數是由上古的占星、卜筮、形法等術發展下來的。其中卜筮之術，是歷經夏商周三代而通過「龜卜、蓍筮」得出卜（筮）辭的一種預測（吉凶成敗）術，之後歸納並結集成書，此即現傳之《易

經》。經過春秋戰國至秦漢之際，受到當時諸子百家的影響、儒家的推崇，遂有《易傳》等的出現，原本是卜筮術書的《易經》，被提升及解讀成有包涵「天地之道（理）」之學。因此，《易．繫辭傳》曰：「易與天地準，故能彌綸天地之道。」

漢代以後，易學中的陰陽學說，與五行、九宮、干支、氣運、災變、律曆、卦氣、讖緯、天人感應說等相結合，形成易學中象數系統。而其他原與《易經》本來沒有關係的術數，如占星、形法、選擇，亦漸漸以易理（象數學說）為依歸。《四庫全書．易類小序》云：「術數之興，多在秦漢以後。要其旨，不出乎陰陽五行，生尅制化。實皆《易》之支派，傅以雜說耳。」至此，術數可謂已由「術」發展成「學」。

及至宋代，術數理論與理學中的河圖洛書、太極圖、邵雍先天之學及皇極經世等學說給合，通過術數以演繹理學中「天地中有一太極，萬物中各有一太極」（《朱子語類》）的思想。術數理論不單已發展至十分成熟，而且也從其學理中衍生一些新的方法或理論，如《梅花易數》、《河洛理數》等。

在傳統上，術數功能往往不止於僅僅作為趨吉避凶的方術，及「能彌綸天地之道」的學問，亦有其「修心養性」的功能，「與道合一」（修道）的內涵。《素問．上古天真論》：「上古之人，其知道者，法於陰陽，和於術數。」數之意義，不單是外在的算數、歷數、氣數，而是與理學中同等的「道」、「理」--心性的功能，北宋理氣家邵雍對此多有發揮：「聖人之心，是亦數也」、「萬化萬事生乎心」、「心為太極」。《觀物外篇》：「先天之學，心法也。……蓋天地萬物之理，盡在其中矣，心一而不分，則能應萬物。」反過來說，宋代的術數理論，受到當時理學、佛道及宋易影響，認為心性本質上是等同天地之太極。天地萬物氣數規律，能通過內觀自心而有所感知，即是內心也已具備有術數的推演及預測、感知能力；相傳是邵雍所創之《梅花易數》，便是在這樣的背景下誕生。

《易．文言傳》已有「積善之家，必有餘慶；積不善之家，必有餘殃」之說，至漢代流行的災變說及讖緯說，我國數千年來都認為天災，異常天象（自然現象），皆與一國或一地的施政者失德有關；下至家族、個人之盛衰，也都與一族一人之德行修養有關。因此，我國術數中除了吉凶盛衰理數之外，人心的德行修養，也是趨吉避凶的一個關鍵因素。

術數與宗教、修道

在這種思想之下，我國術數不單只是附屬於巫術或宗教行為的方術，又往往是一種宗教的修煉手段--通過術數，以知陰陽，乃至合陰陽（道）。「其知道者，法於陰陽，和於術數。」例如，「奇門遁甲」術中，即分為「術奇門」與「法奇門」兩大類。「法奇門」中有大量道教中符籙、手印、存想、內煉的內容，是道教內丹外法的一種重要外法修煉體系。甚至在雷法一系的修煉上，亦大量應用了術數內容。此外，相術、堪輿術中也有修煉望氣（氣的形狀、顏色）的方法；堪輿家除了選擇陰陽宅之吉凶外，也有道教中選擇適合修道環境（法、財、侶、地中的地）的方法，以至通過堪輿術觀察天地山川陰陽之氣，亦成為領悟陰陽金丹大道的一途。

易學體系以外的術數與的少數民族的術數

我國術數中，也有不用或不全用易理作為其理論依據的，如揚雄的《太玄》、司馬光的《潛虛》。也有一些占卜法、雜術不屬於《易經》系統，不過對後世影響較少而已。

外來宗教及少數民族中也有不少雖受漢文化影響（如陰陽、五行、二十八宿等學說。）但仍自成系統的術數，如古代的西夏、突厥、吐魯番等占卜及星占術，藏族中有多種藏傳佛教占卜術、苯教占卜術、擇吉術、推命術、相術等；北方少數民族有薩滿教占卜術；不少少數民族如水族、白族、布朗族、佤族、彝族、苗族等，皆有占雞（卦）草卜、雞蛋卜等術，納西族的占星術、占卜術，彝族畢摩的推命術、占卜術……等等，都是屬於《易經》體系以外的術數。相對上，外國傳入的術數以及其理論，對我國術數影響更大。

曆法、推步術與外來術數的影響

我國的術數與曆法的關係非常緊密。早期的術數中，很多是利用星宿或星宿組合的位置（如某星在某州或某宮某度）付予某種吉凶意義，并據之以推演，例如歲星（木星）、月將（某月太陽所躔之宮次）等。不過，由於不同的古代曆法推步的誤差及歲差的問題，若干年後，其術數所用之星辰的位置，已與真實星辰的位置不一樣了；此如歲星（木星），早期的曆法及術數以十二年為一周期（以應地支），與木星真實周期十一點八六年，每幾十年便錯一宮。後來術家又設一「太歲」的假想星體來解決，是歲星運行的相反，週期亦剛好是十二年。而術數中的神煞，很多即是根據太歲的位置而定。又如六壬術中的「月將」，原是立春節氣後太陽躔娵訾之次而稱作「登明亥將」，至宋代，因歲差的關係，要到雨水節氣後太陽才躔娵訾之次，當時沈括提出了修正，但明清時六壬術中「月將」仍然沿用宋代沈括修正的起法沒有再修正。

由於以真實星象周期的推步術是非常繁複，而且古代星象推步術本身亦有不少誤差，大多數術數除依曆書保留了太陽（節氣）、太陰（月相）的簡單宮次計算外，漸漸形成根據干支、日月等的各自起例，以起出其他具有不同含義的眾多假想星象及神煞系統。唐宋以後，我國絕大部分術數都主要沿用這一系統，也出現了不少完全脫離真實星象的術數，如《子平術》、《紫微斗數》、《鐵版神數》等。後來就連一些利用真實星辰位置的術數，如《七政四餘術》及選擇法中的《天星選擇》，也已與假想星象及神煞混合而使用了。

隨着古代外國曆（推步）、術數的傳入，如唐代傳入的印度曆法及術數，元代傳入的回回曆等，其中我國占星術便吸收了印度占星術中羅睺星、計都星等而形成四餘星，又通過阿拉伯占星術而吸收了其中來自希臘、巴比倫占星術的黃道十二宮、四大（四元素）學說（地、水、火、風），並與我國傳統的二十八宿、五行說、神煞系統並存而形成《七政四餘術》。此外，一些術數中的北斗星名，不用我國傳統的星名：天樞、天璇、天璣、天權、玉衡、開陽、搖光，而是使用來自印度梵文所譯的：貪狼、巨門、祿存、文曲，廉貞、武曲、破軍等，此明顯是受到唐代從印度傳入的曆法及占星術所影響。如星命術中的《紫微斗數》及堪輿術中的《撼龍經》等文獻中，其星皆用印度譯名。及至清初《時憲曆》，置閏之法則改用西法「定氣」。清代以後的術數，又作過不少的調整。

此外，我國相術中的面相術、手相術，唐宋之際受印度相術影響頗大，至民國初年，又通過翻譯歐西、日本的相術書籍而大量吸收歐西相術的內容，形成了現代我國坊間流行的新式相術。

陰陽學——術數在古代、官方管理及外國的影響

術數在古代社會中一直扮演着一個非常重要的角色，影響層面不單只是某一階層、某一職業、某一年齡的人，而是上自帝王，下至普通百姓，從出生到死亡，不論是生活上的小事如洗髮、出行等，大事如建房、入伙、出兵等，從個人、家族以至國家，從天文、氣象、地理到人事、軍事，從民俗、學術到宗教，都離不開術數的應用。我國最晚在唐代開始，已把以上術數之學，稱作陰陽（學），行術數者稱陰陽人。（敦煌文書、斯四三二七唐《師師漫語話》：「以下說陰陽人謾語話」，此說法後來傳入日本，今日本人稱行術數者為「陰陽師」）。一直到了清末，欽天監中負責陰陽術數的官員中，以及民間術數之士，仍名陰陽生。

古代政府的中欽天監（司天監），除了負責天文、曆法、輿地之外，亦精通其他如星占、選擇、堪輿等術數，除在皇室人員及朝庭中應用外，也定期頒行日書、修定術數，使民間對於天文、日曆用事吉凶及使用其他術數時，有所依從。

我國古代政府對官方及民間陰陽學及陰陽官員，從其內容、人員的選拔、培訓、認證、考核、律法監管等，都有制度。至明清兩代，其制度更為完善、嚴格。

宋代官學之中，課程中已有陰陽學及其考試的內容。（宋徽宗崇寧三年〔一一零四年〕崇寧算學令：「諸學生習……並曆算、三式、天文書。」「諸試……三式即射覆及預占三日陰陽風雨。天文即預

定一月或一季分野災祥，並以依經備草合問為通。」

金代司天臺，從民間「草澤人」（即民間習術數人士）考試選拔：「其試之制，以《宣明曆》試推步，及《婚書》、《地理新書》試合婚、安葬，並《易》筮法，六壬課、三命、五星之術。」（《金史》卷五十一・志第三十二・選舉一）

元代為進一步加強官方陰陽學對民間的影響、管理、控制及培育，除沿襲宋代、金代在司天監掌管陰陽學及中央的官學陰陽學課程之外，更在地方上增設陰陽學課程（《元史・選舉志一》：「世祖至元二十八年夏六月始置諸路陰陽學。」）地方上也設陰陽學教授員，培育及管轄地方陰陽人。（《元史・選舉志一》：「（元仁宗）延祐初，令陰陽人依儒醫例，於路、府、州設教授員，凡陰陽人皆管轄之，而上屬於太史焉。」）自此，民間的陰陽術士（陰陽人），被納入官方的管轄之下。

至明清兩代，陰陽學制度更為完善。中央欽天監掌管陰陽學，明代地方縣設陰陽學正術，各州設陰陽學典術，各縣設陰陽學訓術。陰陽人從地方陰陽學肄業或被選拔出來後，再送到欽天監考試。（《大明會典》卷二二三：「凡天下府州縣舉到陰陽人堪任正術等官者，俱從吏部送（欽天監），考中，送回選用；不中者發回原籍為民，原保官吏治罪。」）清代大致沿用明制，凡陰陽術數之流，悉歸中央欽天監及地方陰陽官員管理、培訓、認證。至今尚有「紹興府陰陽印」、「東光縣陰陽學記」等明代銅印，及某某縣某某之清代陰陽執照等傳世。

清代欽天監漏刻科對官員要求甚為嚴格。《大清會典》「國子監」規定：「凡算學之教，設肄業生。滿洲十有二人，蒙古、漢軍各六人，於各旗官學內考取。漢十有二人，於舉人、貢監生童內考取。附學生二十四人，由欽天監選送。教以天文演算法諸書，五年學業有成，舉人引見以欽天監博士用，貢監生童以天文生補用。」學生在官學肄業、貢監生肄業或考得舉人後，經過了五年對天文、算法、陰陽學的學習，其中精通陰陽術數者，會送往漏刻科。而在欽天監供職的官員，《大清會典則例》「欽天監」規定：「本監官生三年考核一次，術業精通者，保題升用。不及者，停其升轉，再加學習。如能黽勉供職，即予開復。仍不及者，降職一等，再令學習三年，能習熟者，准予開復，仍不能者，黜退。」除定期考核以定其升用降職外，《大清律例》中對陰陽術士不準確的推斷（妄言禍福）是要治罪的。《大清律例·一七八·術七·妄言禍福》：「凡陰陽術士，不許於大小文武官員之家妄言禍福，違者杖一百。其依經推算星命卜課，不在禁限。」大小文武官員延請的陰陽術士，自然是以欽天監漏刻科官員或地方陰陽官員為主。

官方陰陽學制度也影響鄰國如朝鮮、日本、越南等地，一直到了民國時期，鄰國仍然沿用着我國的多種術數。而我國的漢族術數，在古代甚至影響遍及西夏、突厥、吐蕃、阿拉伯、印度、東南亞諸國。

術數研究

術數在我國古代社會雖然影響深遠，「是傳統中國理念中的一門科學，從傳統的陰陽、五行、九宮、八卦、河圖、洛書等觀念作大自然的研究。……傳統中國的天文學、數學、煉丹術等，要到上世紀中葉始受世界學者肯定。可是，術數還未受到應得的注意。術數在傳統中國科技史、思想史，文化史、社會史，甚至軍事史都有一定的影響。……更進一步了解術數，我們將更能了解中國歷史的全貌。」（何丙郁《術數、天文與醫學中國科技史的新視野》，香港城市大學中國文化中心。）

可是術數至今一直不受正統學界所重視，加上術家藏秘自珍，又揚言天機不可洩漏，「（術數）乃吾國科學與哲學融貫而成一種學說，數千年來傳衍嬗變，或隱或現，全賴一二有心人為之繼續維繫，賴以不絕，其中確有學術上研究之價值，非徒癡人說夢，荒誕不經之謂也。其所以至今不能在科學中成立一種地位者，實有數因。蓋古代士大夫階級目醫卜星相為九流之學，多恥道之；而發明諸大師又故為惝怳迷離之辭，以待後人探索；間有一二賢者有所發明，亦秘莫如深，既恐洩天地之秘，復恐譏為旁門左道，始終不肯公開研究，成立一有系統說明之書籍，貽之後世。故居今日而欲研究此種學術，實一極困難之事。」（民國徐樂吾《子平真詮評註》，方重審序）

現存的術數古籍，除極少數是唐、宋、元的版本外，絕大多數是明、清兩代的版本。其內容也主要是明、清兩代流行的術數，唐宋或以前的術數及其書籍，大部分均已失傳，只能從史料記載、出土文獻、敦煌遺書中稍窺一鱗半爪。

術數版本

坊間術數古籍版本，大多是晚清書坊之翻刻本及民國書賈之重排本，其中豕亥魚魯，或任意增刪，往往文意全非，以至不能卒讀。現今不論是術數愛好者，還是民俗、史學、社會、文化、版本等學術研究者，要想得一常見術數書籍的善本、原版，已經非常困難，更遑論如稿本、鈔本、孤本等珍稀版本。在文獻不足及缺乏善本的情況下，要想對術數的源流、理法、及其影響，作全面深入的研究，幾不可能。

有見及此，本叢刊編校小組經多年努力及多方協助，在海內外搜羅了二十世紀六十年代以前漢文為主的術數類善本、珍本、鈔本、孤本、稿本、批校本等數百種，精選出其中最佳版本，分別輯入兩個系列：

一、心一堂術數古籍珍本叢刊

二、心一堂術數古籍整理叢刊

前者以最新數碼（數位）技術清理、修復珍本原本的版面，更正明顯的錯訛，部分善本更以原色彩色精印，務求更勝原本。并以每百多種珍本、一百二十冊為一輯，分輯出版，以饗讀者。後者延請、稿約有關專家、學者，以善本、珍本等作底本，參以其他版本，古籍進行審定、校勘、注釋，務求打造一最善版本，方便現代人閱讀、理解、研究等之用。

限於編校小組的水平，版本選擇及考證、文字修正、提要內容等方面，恐有疏漏及舛誤之處，懇請方家不吝指正。

心一堂術數古籍 珍本 整理 叢刊編校小組

二零零九年七月序

二零一四年九月第三次修訂

心眼指要

光緒己卯閏三月錄於
平梁幕次

此本五十九頁
圖表七頁

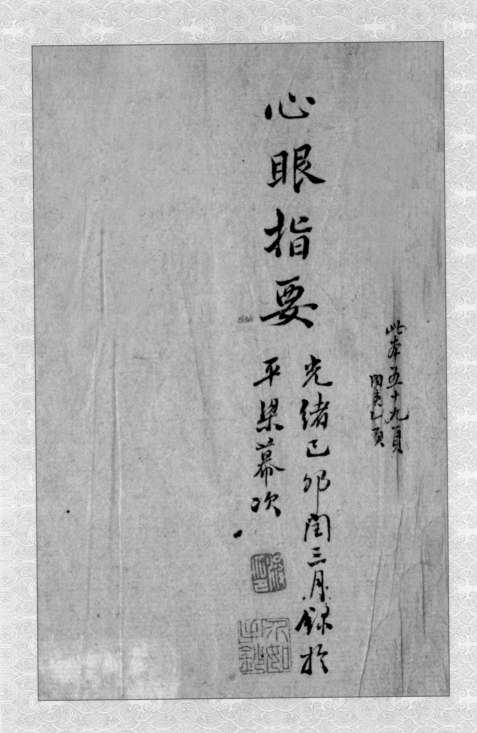

目錄

心眼指要節錄上卷

青囊內傳 即海角經又名三字青囊

天德純粹迺遵理順逆萬機神六甲運五賦行法五子遁八門布雷使察金精衡五氣攝九雲錫叛逆超神英

星巒

方尖圓動直行崎遶迤流平停四正歸八方層審向背察內神迴迤晴迎陽明

理氣

發三卦一卦通闡天地定雌雄婆之起玄元空審卦氣配九龍推三吉合八風互用室不用通顛々倒气呆宮此書乃是地理書之祖即青囊天玉諸經皆出於此世稱黃石公三字青囊者此也有正經星巒理氣三章星巒正經訛字尚少惟理氣一章真法失傳抄寫差誤甚多并有不知其所以然乃穿鑿附會而更改者如是錯訛者竟十有八九矣余今窃取楊曾之意以補之理氣之真詮使讀者細々玩索而有得焉

雲間蔣大鴻氏盤銘

天地定位陰陽迭更仰觀俯察河洛呈文後先八卦體用咸明抽爻換象闔闢相尋五德爲緯四七爲經宮移度改分秒殊情嗟彼庸術罔識權衡删邪表正協古宜今分元定卦測日推星天根月窟來往皆春

又

俯察之理本乎洛書父母六子範十二支三爻成象位叅干維三八品配道盡無遺後愚妄作淆亂日滋芟邪表正易簡昭垂

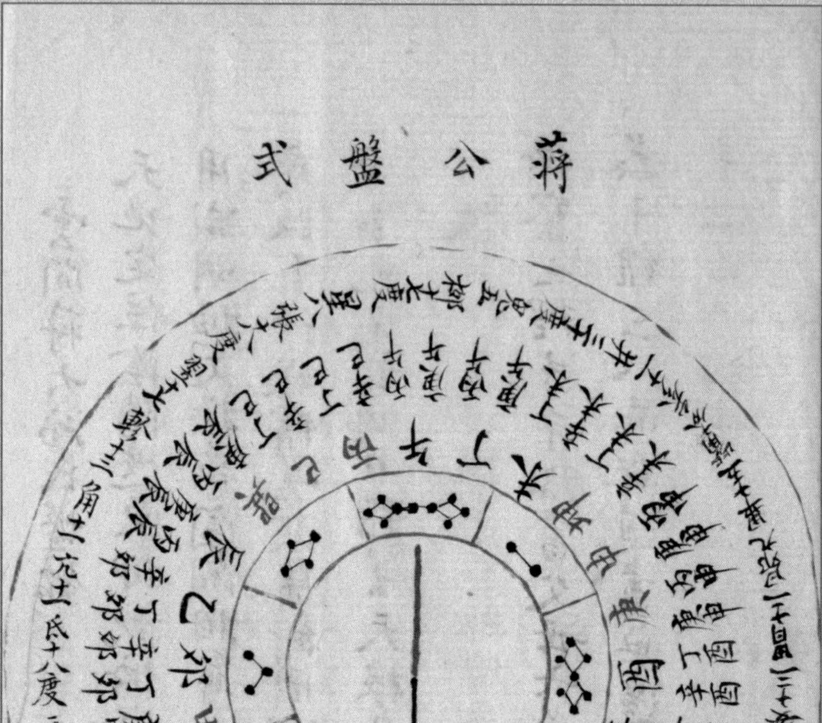
蔣公盤式

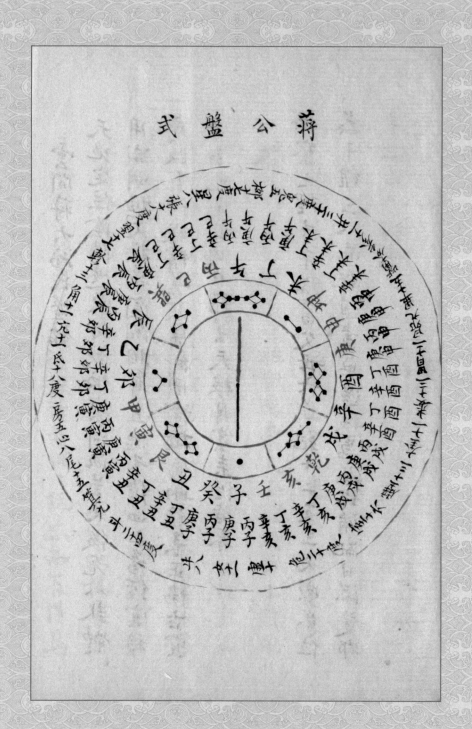

無極真傳

凡物必有體用由體立凡物必有用體由用神故有先天即有後天先天爲體後天爲用此係造化之至理也地爲體天爲用此乃萬物生生化化立機也夫後天之數原本洛書上應北斗斗主宰天地周流六虛無所不至此陰彼陽無時不易即二十四龍陰陽顛倒變化錯綜都由於此順逆陰陽亦由乎此故曰理氣之正宗傳心之至理也

闡天地之元機一陰一陽盡之闡陰陽之閫奧一往一

來者之氣往來則氣陰陽氣陰陽則氣往來何地落何
宮之更安知此則左〻之陰陽自有左〻之正理即九
星進起自有進起之元機矣
乾為父坤為母奇耦必本所生中爻一位則左右不患
出疆若卦之兩爻則東西正多歧路故必以父母為最
旺之龍氣必以父母為最清之氣出而不出三爻雜骨
相之真歧中有歧八國審妥流之義俗術將二十四山
分作十二位分陰陽雜順逆者固已甚矣焉能知此乎
夫數經九易氣將三元顛倒三八旋乾轉坤元空定卦

分星起星下卦之法都由北斗運行而使然也其法分一二三四五六七八九為三元配其陽順陰逆顛倒則又隨时而互者也

夫定卦分元辯星當運此非臆造乃出自然蓋天元九氣運筦樞機干支八卦統歸皇極則九星流轉三八顛倒則陰不是陰陽不是陽倒地翻天故曰對不同主元空然是法造物之所忌先師之所秘苟能曉得九星流轉之機則一卦通筦三卦復起之元關自能畧見一斑卦氣最極於雜故此收山納水務取清純而龍氣又病

於掌故源派當求滙合若使八神齊到氣水並收再能並合並輔則上下三元三星六甲直達補救之法亦在其中矣

法者繩墨也其用則工之巧也如乘時立穴之法苟非並顧星源則龍運未交先遭衰替識時既代便便凌夷又安能一元而並得兩元龍力悠遠不替耶苟能裁制得宜天元取輔人地並合即出而不出之要訣亦可得而知矣

天元之後即接人元斯則六甲三分九星顛倒八國符

移要求諸卦之宗細認統龍之氣倒地翻天半由乎此
何位何宮亦由乎此
貪狼即一白五行屬水先天為乾後天為坎數為萬數
之始卦乃諸卦之首運值上元氣通八卦星氣和平旋
力悠遠故此楊公有脈取更取之語然則並貪巨屬出
卦知此方知出而不出之妙用矣○道德經云天得一
以清地得一以寧神得一以靈穀得一以盈萬物得一
以生侯王得一以正由此觀之一之為用大矣哉
夫五星者即水火木金土五行也質行於地而氣行於

天故天有五星地有五行天有九星地有九宮夫九星
者即北斗中之貪巨是也九宮者即坎坤震巽乾兌離
艮中央也在地之九宮有此潤彼閭此一彼二陰陽奇
耦之殊此一彼二者以顯天心之所在也在天之九星
有纏子纏丑旋轉四時隨時顛倒之機纏子纏丑者正
司元氣之流行也然此法經四位而起父母者也經四
位而起父母由是二十四山陰陽不一顛倒無定苟能
曉得顛倒無定之陰陽方知陽在彼陰必在此之竅矣
一要會

龍真穴的群山四聚發祖之山過度之山莫不統會或
作照祖或作閤閣或作朝案骨肉一氣情意親切

二交喜

二水相會却如湖裡交鵝山有情水有意氣止水交形
止氣蓄之謂也

三交泰

四面情形却與主山相稱不至主弱而賓強體得而用
失砂水各賦趨牽動之處有澄淨安帖之趣

四交媾

道其形曰交媾言其情曰雌雄交媾者是言山水有雌雄交媾之真情也

五相見

所云相見者即是一山不論一山之陰陽而論與此山相見之陰陽一水不論一水之陰陽而論與此水相見之陰陽者是也陰陽相見有兩說一說是體一說是用體之相見即是山水情形有賓主相迎相見之情狀此義易知惟用之相見如山上排龍山上所得星辰要與水裡所得星辰陰陽相見水裡排龍水裡所得星辰又

要眞山上所得星辰往來相見相見者即是陰陽動靜
配合生生之謂也

穴沖和

沖和是言體得貞體用得貞用有陰陽動靜配合生生
之妙也

此兩節皆是點穴定向之元微沖和相見指體用之
要義者而言也

右四變及沖和相見言體言用乃隨身之至寶與庚
之假閟須口傳心授如昧此理章句妄為自取禍害

仁人孝子宜究心焉按交會交媾者山與水交水與山交交泰者指山水相交有戀戀自然之趣龍脉有一力專注入穴之勢入首有一口吸到我腹之勢主星有統攝周圍之勢砂水有趨承眷戀之勢而水與砂更有紆迴兜截之勢為君臣交泰之義也交媾者指陰陽配合而言青囊所云相見指八方而言非謂一山一水而言也即一六二七三八四九陽水陰山陰水陽山元空會合之謂也

八極神樞

一曰清真清者是言来龍来脉来水干支方位之不雜也此謂之清真者真也真而再箇不雜方為清真○雜者亥壬乙辰之類也清者子癸午丁乾亥坤申之謂也

二曰專一言干支有干支之專一情性有情性之專一穴情砂水朝案及情性干支都以專一者為貴專者專於此也就脉專於此砂水專於此四面拱向之情亦專於此故曰專一也

三曰深蓄深蓄則氣厚淺露則氣薄穴貴窩藏忌突露穴貴和平忌偏斜欹側

四曰端平端平言不欹不側端方平正主山有尊嚴之勢砂水有朝拱之情平者無偏無側之謂也山不論大小只要端方周正定出正人高士忠臣孝子大忌側體頗人定出奸邪之輩

五曰翕聚形止氣蓄方是翕聚翕者合也聚者藏也蓄也謂山水精靈都翕聚於此也

六曰環衛言穴氣須固也四面迎顧有情謂之環衛

七曰中和言不偏不倚不欹不側不上不下不沉不浮山水兼得都謂之中和中和云者陽水陰山彼此生之

之謂也青囊經云相見而得中和之氣者福祿永貞相見而不得其中和之氣者便是禍咎之根者此也

八曰明淨言立穴無礙也我不礙人人不礙我自然明淨再水光照穴有情處須得方圓明淨形如鏡者此謂之真明淨也

此黃輿建極之神符青囊傳心之奧旨無極大士衍此靈符遠遡管郭中及楊曾近稽劉賴無能出此範圍苟能神而明之變而通之誠濟世之津梁救貧之金丹寶之寶之勿示匪人恐招造物之忌也

附穴形穴法節錄

安塟之制蓋始於中古河洛出八卦畫仰以觀於天俯以察於地于是乎識山川之情更徵之以人事而得其義其義云何曰尋得一點生氣而已生氣所聚内藴精華其土細密膩如圓粉葬之者安得之者昌然則生氣固可識乎曰可氣本於天質成於地天有陰陽地有剛柔惟柔故生惟剛故殺山雖剛剛中取其柔以為生之機猶之一陽動於坎中而萬物始生此生氣之義也

點穴之法窩鉗乳突穴之象也蓋粘倚撞點穴之法也

更有法中之法名曰理氣若夫立向消納旅氣收水莫善乎理氣理氣者即大元空五行分理三元九運運行遷謝之氣也苟能如是巒頭理氣無所不當矣

窩者太陽之象也陽生陰中外剛內柔宛然藏蓄旁有範圍前有氣口真氣內注穴宜深取然有陽必有陰有真必有假辨之既清方知取舍

窩形圓整輪弦明白中有肉地肥嫩細軟前有氣口以顯情性美穴也其兩掬環抱如拱手樣者曰合口窩兩脚開拍如箕貿樣者曰開口窩窩中肉地又有出氣進

氣之不同其內地微弦向內收入如人之呼者曰進氣

窩向外吐出如人之噓者曰出氣窩進氣宜穴上弦出氣

宜穴下弦

鉗者窩之變體少陽之象也其形直有似木星之象陽

動而陰裂生意出於鉗中真假宜辨

鉗頂微微隆起如額而無界水淋頭之病兩股肥嫩細

窄齊整而無直硬走竄之病鉗心平坦有肉而無滴槽

傾瀉之病小者秀嫩而不瘦削大者肥軟而不臃腫方

為生氣所鍾之處陰鉗則反是不可不審 陰鉗兩股走竄鉗心傾瀉者

鉗中要有肉坦如唇口中之軟皮肥嫩平坦輪弦明白外秀如鉗登穴如窩者方妙

突者太陰之象也其性堅剛其氣收斂故其形特地隆起或圓或方或曲或長如珠泡龜魚蚌蛤之屬皆陰象也陰中從陽剛化而柔乃含生意如純陰飽硬穴之絕人蓋乳突之穴皆陰體而用陽惟取其用而犯其體始稱善葬

突陰象也高頂塌脚飽面此突之本相不能成穴者也時術妄作開孫取水未有不敗絕者又有一等頂雖平

而無氣口脚雖卓而不闊面亦陰突之變相不能成穴者也其長卓與方墩俱以此推之

陽突貴頂必平後高前低上有窩靨前有氣口陰中泛陽乃能成穴貴稜弦必卓起如覆盤則氣始有所拘攝而不散不論高低大小皆然平面者居多亦有側面而有稜級者貴力量大率相倣○横長而腰濶兩頭夹者形如梭子要頂平而濶面兩頭稍殺脚卓有弦生氣聚梭平中阡中濶要○横長而兩頭圓大腰缺者形如腰子要頂平脚卓前有氣口則生氣聚於凹中宜阡中凹

如中凹狹小而兩頭有圓唇吐出者則阡兩頭
乳者少陰之氣直吐而出急如飛矢利如劍鋒穴之孤
剛而難犯若莫若乳矣地師愛之主家信之山脚荒墳
纍纍如黍豈不悲哉此無他真假不辨之故也夫乳剛
氣也剛必受柔乃有生意是故君子於乳穴尤為謹慎
陰乳隆如龜背腫如冬瓜瘦如竹篙峻如劍脊此乳之
本相也犯之絕人蓄家云時人不識無中有多向孤陰
乳上尋即此
陽乳圓淨平坦肥嫩和緩如花之蕊如木之芽貫出脈

必低多在山之足高者不過山之腰蓋脈低則不犯剛
殺方露生意斷無貫頂直出貫頂直出者皆砂也貫或脈
高乳粗剛氣直出頂生氣必閃出一邊或閃乳側乳等
穴穴情賦云雄粗帶側尋即此蕭客云誤葬每因求正
面仙人多是下偏坡亦即此
蓋者頂門之穴法也山勢簇擁俱從頂上擺旋青陽之
氣上聚下散山腳壁立一片純陰全無氣下則穴成顛
頂出陽之說頓起星峯仰而不俯則氣不下注点成高
穴穴仰多窩形以太陽之穴而上居亟高之位此法陽

上升之象也又有一片平坦肥厚恬靜而生窩靨之形者則陽土之氣化而上升故其山勢亦成上聚凡上聚之穴陽氣充足不犯陰殺明堂遠迎從砂遠護不怕風吹不畏孤露法宜用蓋外觀其形內察其暈佐以吞吐暈其淺深此用蓋之法也平面之突形如仰盂陽泛於上亦宜用蓋倘人不識穴形以為孤露破突作粘地雪受傷葬凶之禍不免矣

粘者粘也陰中取陽之穴法也山勢俯下後有駝背前有凹胸開頸下凸上陰下陽上散下聚氣出於足則成

乳形以少陰之氣而成穴於平身之變此陰降而為陽
生之象也故其乳形如花之初蕊如木之始芽生意
已露方能成穴若降而不化如蛇頭鼠尾雞脚箕懶
坦偏斜淋頭塌脇終不脫乎純陰之本相犯之絕人夫
陰即殺也乳而回粘即所云脫殺也陰降而有陽之所
扶則為脫殺即脫根而粘如陰降而無陽漫向山脚者
要指為脫殺脫所作粘穴此庸術之誤人而荒塚之
所以纍纍也山半忽有高乳多是向出忽作粘論
倚者左三右七之義兩乳兩耳門兩鼻庠兩鼠肉兩切

脈兩肩窩側脇斜掌之穴法也脈強勢急中陰難犯陽
氣側出或趨左或趨右旁鋪平坦恬軟肥嫩或成窩乳
縞絃分明山勢旁聚側面開堂橫倚如負直倚如扶范
氏云雄粗帶側尋蕭氏云仙人多是用偏坡者即此強
龍旺龍往往有之多成美穴常見枝節之上旺氣條波
側面柔軟之處山民偶爾扦之便多丁財無奈膚術不
悟奇好山脚頂背直扦未有不敗絕者更有好挑土岡
直頂墳背以為接龍此猶執刀而自刺可哀之甚者也
接者腋脇掌心肩口指節之穴法也山勢中聚四旁俱

陰中间泛陽穴成窩豁如人之脈或如仰掌穴取掌心或如覆掌穴取指節或如側掌穴取虎口陽藏陰中穴宜深入顙而推之則有騎龍翼窩懸鐘掛燈蜘蛛倒掛飛蛾貼壁游魚上水金頸木脚等穴皆撞法也撞皆立體穴居正中放取象於脈亦有平圓而作撞者必是陽氣中露和暖肥嫩頂脈直下法等騎龍若丈高山平垣龍氣圓聚别成一天則兼撞盖

凡相地以認穴為第一難事穴形既辨得法則防地了然如以鏡照物自無美惡易形之病矣然認穴固難尋

龍認脈亦不易之且地之真假在於穴地之富貴大小久暫在於龍龍之变態多端筆不能盡玉髓地学言之最精故不復及

心眼指要節錄下卷

說卦傳

傳曰數往者順知來者逆其法蓋以中五為皇極中五以前為往往者順一二三四是也中五以後為來來者逆九八七六是也又曰是故易逆數也蓋自河圖易出洛書對待縱横自然之理也逆數云者將往來生成之數皆入中宮逆數其所以逆數之故余不揣固陋特繪

河圖易出洛書於右以博精乎易理者一笑也

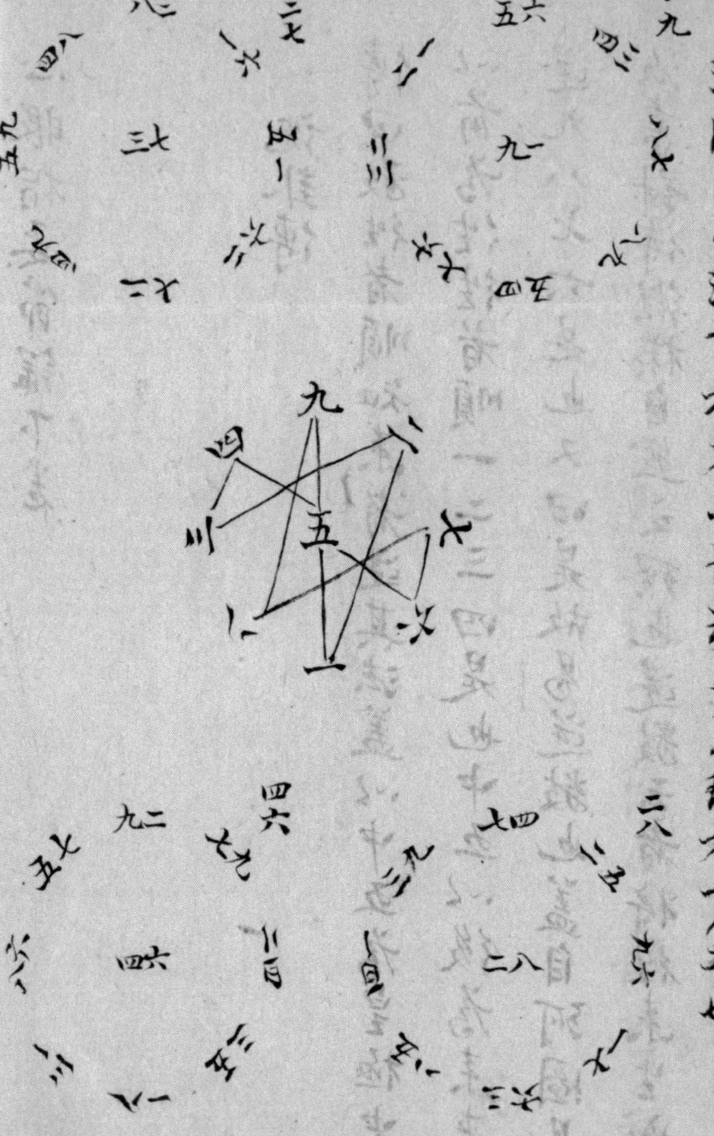

傳心變易圖

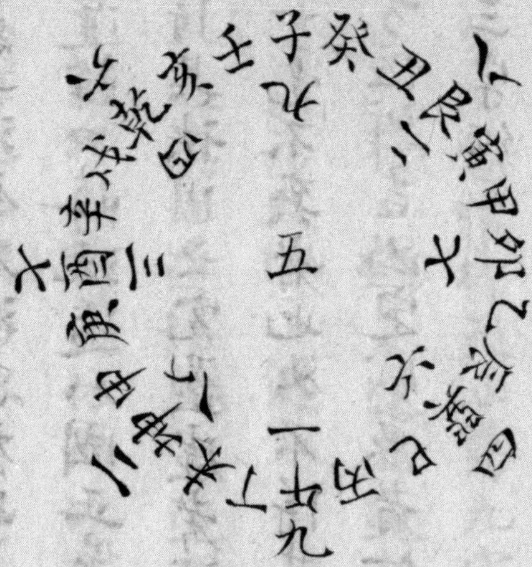

兵法有八陣醫方亦有八陣地理有傳心八易一而八之所以通變化八而一之所以辨天心兵法之八陣係國家之安危醫方之八陣同性命之存亡地理之八易順天氣之流行關子孫之興替學者當細心參考青囊天玉之機自能略見一斑矣

閩南先生八大局即是地理之八陣特以天心所秘故不敢筆之於書聊因俗本略露一端貴學者細心自悟

必有所得也

俯察之理本乎洛書

理氣一法原本洛書九氣上應北斗主宰天地化育之道運斡四時流通八國正是理氣之宗祖用法之真詮如得其訣用之究盈虛考消息測盛衰辨得失如鏡臨物一毫不爽者也如不得其訣徒以洛書之坎一坤二呆方位辨吉凶定盛衰者何異乎刻舟求劍耶

三字經

大元空妙莫窮排六甲運九龍來何地落何宮顛顛倒

順逆從坤壬乙是巨門巽辰亥武曲名艮丙辛是破軍
甲癸申貪狼行天心勤九宮更是巨門非巨門非巨門
是巨門換之起星定名通變化都是春

堪輿為天地之總名

堪天道輿地道堪輿之道即天地之道天主降地主升
天主動地主靜天依形地附氣理寓於氣氣囿於形故
形家擇地必使所取之地足以承天天不我隔必使所
承之山足以納氣氣不我去天地合其德體用合其宜
雖讀青囊葬書莫外乎此矣朱子云位者安其所育者

逆其生尚能安其所逆其生即是體得其體用得其用
矣奈世人不知堪輿為何物只從水之左來右到立
向消納此猶指天而射魚焉能得中耶　天以氣臨地
以形嫗天圓地方圓者一而圍三三為一奇故參天而
為三方者一而圍四四合二偶故兩地而為二等數皆
由此而起

葬乘生氣

葬者藏也乘者接也葬乘生氣即乘天地陰陽化生萬
物之生氣然天有天之生氣地有地之生氣天者氣也

用也地者形也體也體有山水之分用有得失之辨體有此生彼死之異用有此往彼來消長之分體以活潑靈動者為生僵直粗頑者為死要於龍體之生死全在乎形氣神三字上著眼方得察神氣看色澤擇生棄死去背求面之要訣用之生死蓋以來者為生往者為死與時合宜者為生與時背者為死要得用之生死當在盈虛消息上揣摩自得察血脈視全龍葬乘生氣之元機矣該書所論乘生氣三字有二十家千言萬語非從形路上著眼即從二十四干支上迷心妄想顛倒播弄出

許多名色未曾道着天之生氣如天之生氣即是化生萬物之生氣此氣蓋以當元者為旺將來者為生方過者為衰過去已久者謂之死山龍平洋山水分用總是一般又云水以向納龍以山收方得山水分用乘生氣之元機此生氣是元空无形之生氣非挨左挨右有形可見之生氣又非長生帝旺之生氣讀者宜辨　得其陽者生得其陰者死順天之氣則生逆天之氣則死此即葬乘生氣之元機夫巒頭有形有跡向背生死有形可見體認无雖无形者神也氣也變化不測陰陽不一

吉凶無定若非得心得眼者可與共談斯道也耶

脈認來龍

脈之形象並有數種有一種可一望而知有一種初看似無細看實有或從本身看者或從對面看者或有從傍看者細看方能覩脈之有無也要之穴之有無真假都在此來龍來脈上討消息也必須細察為要

認生死

地理之道惟生氣最為難認並生氣之外上下左右皆是死氣認氣者須於百死之中認其一生一生之外識

其有死脫煞就和挨生棄死於毫釐尺寸之間再辨來龍來脈是何方位是何干支山與水一一辨清再查用法因地置宜隨时量取斯為得之

審理氣

天即理也理為天之體氣為天之用理氣云者是分理三元九運運行遷謝盈虛消長之氣也夫三元九運盈虛消長之氣無形可見無跡可尋者也讀者從何可理苟能理得三元九運運行遷謝之氣孰往孰來誰消誰長必使來者長者而趨之往者消者而避之如是則看

全龍乘生氣察血脈認來龍之元機自然了了矣

分陰陽

山有山之陰陽水有水之陰陽山之陰陽蓋以向面者為陽收束者為陰曲動活潑者陽僵直粗頑者陰又以向穴者為陽背穴者為陰也水之陰陽蓋以特潤特大者為陽狹小直硬者為陰屈曲活動者陽破碎偏斜者陰有情向穴者陽無情向穴者陰干支有干支之陰陽卦爻有卦爻之陰陽卦爻之陰陽蓋以奇者為陽偶者為陰干支之陰陽則又以甲庚壬丙為陽乙辛丁癸亥為

陰寅申巳亥為陽辰戌丑未為陰五者顛倒總之陰陽則又以來何地落何宮隨而互者分陰陽也○山龍須要干支清純水龍亦要干支不雜如來龍來脈有錯雜之病須以水法純一以補之或山水都帶夾雜之病須用五吉以救之此尔心眼之至要者也

辨順逆

與時合者為順又名正神與時背者為逆又名零神順則生旺逆則衰死此順逆是氣運消長之順逆非干支顛倒之順逆也所謂順天者昌此也葬乘生氣者亦即

此也然有山水之分用讀者宜察

推三吉

九星八卦本无有吉合時則吉本无有凶背時則凶推者推算何星旺於何時何卦吉於何運也三吉者有一卦即有三卦有一吉即有三吉然此三吉吉凶无常隨用而得移者也

辨落脉

大凡結地至山必成星體星體之上必起穴府小頂小頂下開陽開面中間微微起脊而落者謂之脉細軟而

活動者亦謂之脉行乎脉之內者為氣生動之脊者亦為氣忽伏忽起有暈有觔者亦為氣狹小而微有脊者方謂之脉收而束細如絲如帶此謂之線脉若不知葬氣但知葬脉其不犯剛飽硬直者鮮矣夫人身之脉以氣而行山龍之脉以水而運氣藏於內水界於外真龍轉折而來者自有曲折之水相隨知此方知水為鍾氣之神下文所謂因水驗氣者此也○脉之為狀小如細也微也其狀如絲如帶也微者似有似無則模糊難見細小則顯明而易見故細小比之於微稍為較大也

趕裏稜弦向背之情

趕裏者是言四面環抱有情之謂也稜弦者是言開面開口開眉開手有唇有級有稜有角外背内面拱向有情之謂也氣之有無穴之真假都在稜弦趕裏向背上討消息也○遠看近看前看後看内看外看細看諸山形勢之所歸精神之所聚真氣之所鍾再察穴情之真假土色之榮枯神氣之有無生死此亦看地之最要者也如看地不辨氣之生死土色之榮枯猶看死尸一般死尸猶是人也惟無氣耳

青元朱白祗佐之情

青元朱白即前後左右之别名祗佐者即是向證穴證官鬼禽曜朝案之類情也者拱向有情之謂也前後左右果有真情朝拱則內氣自真內氣真再察其神氣果有精光聚之致神完氣足之象自能一葬便興父發子榮如神不完氣不足精神渙散氣色乾枯者雖有萬水千山亦無益也

察生動

生氣藏蓄於內無形可見何以知其生氣而求之 抑知

生氣止聚之處其上必有動氣動氣者何即是起伏行止生動活潑有呼吸浮沉之情狀者是也經云動則生蓋謂此也○尋龍尋穴爲巒頭第一件要事如舍龍穴而求砂水必爲花假者所誤今之形家多中此病即論三元講水法者只求洛書之某方位某水合某水不合並不論脚下有氣無氣並不論用法之得失此尔垣與家之通病讀者當細細推求對脈來情水來當面前輩未嘗不言及氣與用也

要行止

氣不自行有水以引之氣不自止有水以止之氣不自聚有砂水交會以聚之形止氣蓄水交砂衛再有粘光融聚之致方是真止方是真聚又云有行即有止行者動也止者靜也山龍如是水龍亦然

因形求氣因氣求神

氣由形辨舍形何由以辨氣之生死氣因理推舍理何由以見氣之興衰故形有真偽氣可辨也氣有生死神可辨也又云有氣方言體有體而乏神氣者即用得合法斷不能為福也又云有形自有氣有氣自有形氣依

於形形又依乎氣形氣兩無有是氣必有是神耳
體用兼得

地理之道形勢為體理氣為用故萬物必先有體而後有用所謂體立而後用行者是也且萬物生生之始未有形先有氣未有氣先有理如舍體而求用則用無所施舍用而求體則體無與屬要之察乎氣審乎勢相乎情度乎理觀乎神合乎時發用兼得其宜方得發主用行之精微

地有吉氣土隨而起

有土自有氣有氣自有土此乃陰陽自然之理也此節專辨吉土即辨氣土暈土骨土五色土之類非辨泛泛之土也有吉土自有真氣有真氣自有吉土氣與土相連來間有土而無氣者也凡幽形止氣蓄之處自有真氣結聚於其間真氣結聚自然高於兩傍兩傍自有低田低地為界貼身有界中間自然高起坳田土隨而起此所云起者是言吉土之起非言凡土之起也鑿穴求土者宜細察之○山龍平岡之起伏有墩有泡有脊有背有面有凹有凸其高低易見平洋高一寸低一寸實

處雜亂更宜細察○來龍活動到頭脈盡自有吉土或
開鉗口或到頭有大小八字分開頓氣卸於兩傍亦有
真土穴形故取窩鉗為上也

勢來形止

勢來是言山形氣勢從高而下有頓有跌有起有伏旋
繞曲動及前後左右諸山都有拱向之真情形止是言
山形水勢到結穴處自有止蓄之情形主山自有繞攝
周圍之勢砂水自有主賓相朝相顧之情或起頂腰落
或開面中抽有優游自然之情狀者方是真來方是真

止又云來是言穴後來龍來脈之形勢止是言穴情砂水之止不止也形者氣之宅也氣者形之主也神者形氣之精神也形以氣為生氣以神為活如舍神氣而取形者眼法之真詮何嘗夢見耶

淺深得宜

地氣高厚土色明亮左右界水貼切而兼深蓄者宜深如界割不甚清楚再兼地氣平薄者宜淺當開鑿金井之時必須視其土色何如方可定其深淺如此自无過淺過深之患矣如土色堅細滋潤而有光彩者宜深深

尔不可過深過深日久自有潮濕之患過淺藏棺于粗鬆浮土之中則乾枯蟲蟻之患勢所不免須藏棺于恰好安為妥除去浮土開見吉土深有二三尺或一二尺不等將棺藏于吉土之內不浮不沉不深不淺斯爲得之矣藏棺于吉土之中自然乾暖自無潮濕蟲蟻之患棺槨自然悠久子孫自然昌盛且擇地非為子孫計本為祖宗欲免潮濕風水蟲蟻之患耳又云深淺得宜地理足矣誠哉是言也平洋培土安墳不過避潮濕以及水浸棺槨水浸棺槨退財傷丁勢所不免即用得合法

亦不能為福故以培土為先也平陽有龍有氣并有吉
土者深可一二尺不等如氣薄者開見黃土即止將棺
安於黃土之上極低之處培土三二尺然後放棺深則
恐有潮濕之患棺之外宜用石灰與好土打結以避穴
水之患即羅城擱土亦要內高外低使水易去切不可
內低外高使水蓄于穴中每見今之擱土用磚石高砌
有四五尺者有七八尺者高於塚墩徒取石之好看不
顧水之去不去此謂之擱水非擱土也○紹興杭州及
嘉湖諸郡山龍安葬壙基金井深者不過尺許此亦因

地制宜之法也培土安墳皆因地氣卑薄恐有水浸棺槨故此培高二三尺以受清陽之氣此即古之架法然而清陽之氣亦要所用之地有氣有土方能承接天之陽氣否則土雖培高三年五載之後蟲蟻潮濕之患勢所難免夫有氣有土此地自暖暖則地氣上升猶有潮濕日久自乾無氣無土則寒寒則地氣不能上升潮濕自來此亦陽升陰降自然之理也

土高水深

氣厚則土厚土厚則氣厚氣厚則左右界水及內堂止

蓄之水自深乃山水陰陽自然之理也下文所云鬱草茂樹果得龍氣活動水深土厚草木自然榮茂此為生氣之使然耳地氣衰落土色乾枯草木定多衰落之色有諸內形諸外此為衰死之氣使然耳

細察氣色

生氣即生動活潑之氣善察氣色者察形之動靜即可卜其氣之興衰察其氣色之榮枯即可知其氣之生死動氣是由生氣而動者也色者氣之華也色澤榮枯亦由氣之生死而使然也由此則土色草木均宜細察

為妥又云色鮮靈則氣旺色枯老則氣死即草木土色亦當如是觀○山有生眠之三證并有喜怒之形象如破碎巉巖粗頑硬直石性雜亂土色乾枯草木稀少種種都是怒形山背山脚每多如是如峯巒挺拔秀麗等巖開面向穴屈曲活動并有滋潤之色者即草木亦有蔥鬱之象種種都是山之喜氣必多結作此亦尋龍尋穴之捷徑也

土貴有枝

山龍之幹枝猶木之幹枝老本為幹嫩條為枝大凡老

幹行龍性堅剛土老石粗結穴最少猶木之開花結菓多結于嫩枝少結于老幹夫枝龍即是幹龍分下傍枝傍脉之類并有幹中幹枝中枝枝中幹幹中枝之别此言土貴有枝者是言正幹行龍愈分而愈妙也次識其分再識其止枝龍止蓄之處即是真氣真穴所鍾之地真穴所鍾水必聚於此此尔山水陰陽自然之妙也枝者分也不分則粗頑之氣不能脱盡故以分為貴也脱卸愈多頑氣愈盡龍力愈壯土色愈美即水龍亦貴有枝枝者分派分枝之謂也枝派愈多龍愈生動土色

愈佳氣愈活潑所謂分盡之分者此也

辨神氣色澤

諸書言龍言氣言之詳且盡矣未有道及神氣色澤夫氣者裏也神色者氣之表也表在外而易見氣在內而難知今因神色易見即以易見之神色而推測難見之氣即以神色之榮枯以卜氣之有無生死古人所謂因形求氣因氣求神者此也〇丁財茂盛之家墳上樹木必茂土必深潤子孫衰敗樹木必定凋零土必乾枯并有初葬合法樹木極盛合葬失時樹木頓衰此亦是所

亦之氣使然耳又云小地要粘神大地要氣局大地雖重氣局亦不離乎粘神耳

考真假

土色佳美神氣充足形止氣蓄水交砂衛即前後左右來山來水要之拱向有情還要細察立穴定向之得否得耳古人云地之大小一真便發又云地之吉凶葬法得則吉失則凶故以得穴得用爲最要也

辨得失

得穴得用并得補救是謂之得如得用而不得穴得

體而得用均謂之失即體用俱得位置稍不得其當者亦謂之失也

審向背

水之外即是砂砂之內即是水水向即砂向砂向即水向乃砂水陰陽自然之勢也又云向背在乎情性情性向乃為真向

察穴情

來龍來脉俱已詳辨惟穴情為砂水之主宰不可不察也明矣穴之情形千变萬態總不離窩鉗乳突四種窩

鉗為上乳突次之然窩鉗不離乎乳突乳突不離乎窩
鉗窩鉗穴後不起突前无唇簷便為出窩乳突无鉗窩
則葬口不開立穴在稜貼身有蟬翼陰砂邊有邊无邊
長邊短都不必拘〻只要有一臂便結形如牛角者佳
要知龍穴砂水箇縫閉会之情
龍從左來穴必結於右龍從右轉穴必結於左此龍體
旋轉自然之勢也夫箇縫閉会四字是龍穴砂水相朝
相顧雌雄相配主賓相迎之情狀也苟能識得箇縫閉
会之竅任尔左栖右閃奇形怪穴俱可辨認矣然則

真龍之結穴變化無窮雖於盡筆只可言其圖會之
情形耳○圖會即是山水有賓主相迎相顧之情道其
形曰箭縫圖會言其情曰雌雄交媾
重斷石過獨
不生草木曰重草木不生生氣已絕俗呼剝皮龍者即
此也斷是鑿斷開傷之謂非跌斷之斷鑿斷開傷此謂
之病龍故忌石是滿山頑石無頭無面無分無界之亂
石山故忌如螺螄吐肉老蚌生珠每每多在石山須在
吐肉生珠四字上着想方不至誤石山土穴葬下禍不

旋纏者緣由氣矬氣平陰斂剛飽渾身是煞故也過即是此山過彼山之過斷不即斷起不即起牽〻連〻氣背氣面左右又無護送遮攔風水一派純陰之氣故曰不可葬獨是乾枯氣神之謂即氣背氣面不分不界氣枝氣脚亦謂之獨非是出洋盡結獨墩孤泡獨山之獨也即大山博小山不開陽面不抽嫩枝亦謂之獨獨者謂枯老氣發生之機也

收放

收者束也龍身行度要以束定峽到頭一節以束觀入

首所謂來氣者是也平洋無脊脉可憑全在收受察其真假認其來源放者開也帳蓋之大小纏護之短長均於此定之大收大放蓋帳汹峽是也小收小放蜂腰鶴膝是也收放氣多則氣有勢放氣大則氣張揚收氣小則龍力氣壯故穴後入首一節之收放比後龍更為緊要耳不拘平陽平岡山龍都宜如是

分合

穴後宜分不宜合分則領氣自脫穴前宜合不宜分合則砂水自向門户自閉又云有地無地且看下臂又云

下砂不特莫尋龍此數語豈非尋地之捷徑乎

來情對脉

山龍有九星正受之象水龍亦有九星正受之象山龍有主山水龍有城门山龍有來脉入首水龍有來源入口并有兩濱界水止受必須界抱有情山龍入首結穴要須求真止之情形水龍正穴有情要須求方圓明淨方為真水五歌云對脉論來情者此也水來當面者此也

山龍一線平洋一片

一線者言其狹小也必須細心察看方得其一線之真土真氣否則夾砂夾石水濕蟲蟻之患難免矣一片者言其廣濶也廣濶須求動處為是水有一兩處來者有三四處來者來處雖多用法須歸乎一氣此亦平洋納水之要訣也如半得半失者定主房分偏枯得三失五者退財傷丁勢所不免矣

一望可知

大凡山不開面土必粗鬆春夏大雨小石粗砂必隨水而下路上必多粗砂小石凡山麓小路有砂有水有小

石者不必登山如護龍砂及送龍砂等等定有小石浮砂此亦辨土之一法如色澤紫潤土必堅細路上自無小石粗砂草木自然油澤草根自然稠密界水自然軟切而並深蓄否則左右界水自為浮砂淤塞草木休慼路多細石種種都由土色粗鬆之所表也此等查識者可以一望而知也

水有公私

水有公私過穴特朝之外公者公共之水無所專於一穴者此謂之公私者一穴獨受干支情性都專於此者

此謂之私過即此卦過彼卦此方過彼方之過者闊者狹者灣者曲者情於穴者謂之過穴特朝者對脈要恰有枝水特朝長短曲動與來龍相稱者為佳取用之法當用真水特朝者為先次收出過最為得法如誤用恐有元運不一房分偏枯之患矣

因形測氣

穴中有生物及紫藤苗草之類亦可猜測而得見有此藤斷不可改動即不見此藤但見氣色榮潤亦不可更動稍動必至傷丁大凡直達補救益收自多諸吉無所

以生化都由山向水口所用之星辰得何得以辨吉凶在也以上種種直該者按其山向水口地氣即可卜其有氣即浮層根椰來其磚石之神色即可知其生物之有氣苟能知此覆舊易易耳不但覆舊之易且不肯亂動人家墳墓矣

水辨真假

有情無穴者為真无情無穴者為假如來龍活動土色堅潤或兩傍有水界割其氣自活或龍到頭止蓄之處內当有點真水大旱不涸恰與來龍來脈相稱方謂之

真水真水者來情對脈水來當面之謂也如水色混濁并有臭味及偏斜反弓即易盈易涸等等都由地氣與水不交故謂之假

因氣驗水

此云因氣驗水亦可云因水驗氣有是氣即有是水有是水即有是氣氣水相交方謂之真水但有水坐下無氣者仍不可用也故曰因氣驗水也

因水驗氣

氣者水之母水者氣之子也氣無形而難見水有跡而

可求水來則氣來水止則氣止水抱則氣全水滙則氣
蓄水有聚散而氣因之聚散水有深淺而氣之厚薄因
之故因水可以驗氣也若池湖蕩胸淺而無攔則氣不
聚無束則勢不可當即易盈易涸急去急來倏淺倏深
者均非蓄善之謂也惟大水之內又有小水重重包裹
方見氣之藏而聚大界水之內更有微茫隱隱分合方見
氣之動而止故看灣迴環交鎖織結皆是氣之所在也
穿割牽射反直斜冲皆是氣之離也如反者使貫環
抱直者使灣曲打挽回造化亦在人功但本身小水有

情願穴者務宜挨靶幹水无意留戀者不可扳援若山
谷之平陽山多水少雖以大水無害總要自己界合為
先并宜大小兼收為妙也夫氣之聚虛清長上通乎天
下貫乎地孕乎萬物神氣相感體用得宜生生之道在
其中矣五歌云直來直去龍之僵有灣有動龍之活水
龍如是山龍亦然所謂水來當面是真龍者此也所謂
對脈福來情者亦即此也
平洋以水為龍者法宜墻土安墳若地有真氣龍真穴
的開鑿安墳亦吉如蕩然無氣者即墻土亦不能發福

非但無益且有水浸之患矣○精生氣氣生神神完氣
足故曰神氣為穴頭第一件要事宜細察之
隨地取裁
吾地非獨心法變化無窮即眼法須要活潑靈動斷不
可拘執如九華天目向曲都是老龍幹氣之尋得龍穴砂
水件件合式大者闔族小者不過丁財而已如蘇杭湖
松脫殺龍稍有一樣可取卽甲科名連綿不絕若拘呆
法覓地更難矣卽脫殺龍亦有老嫩之分如蘇州之羊
山猫山康山以及獅山等諸山色澤神氣土色都帶乾

枯即是脫刼亦不結大地如洞庭七子天平山以及常熟虞山無錫惠山江甯鍾山諸山神氣色澤土色深潤猶花木一般節節開花枝枝結果諸山亦有老嫩背面之分斷不可拘拘故曰隨地而裁

移步換形

移移則形象更換形象換吉凶不一勢所必然全在未立穴以前核定方位細察星體情形合吉則用之不合再移移到干支方位山水情形都合為是斷不可脫龍脫脈也

種植方知

高山平陽平岡種植土人必擇物土相宜而後種植如種地黃山藥山茹萵蔔生薑百合等等必擇沙土而兼澀溼者如種松竹須擇浮土而兼高燥者如種楊梅桃李花菓亦擇沙土而稍帶鬆溼者如種栗亦擇砂夾土而兼鬆散者此亦觀其所植即知土色乾濕此即遠望之捷法也要之木質堅細者土必堅細土質粗鬆者土必粗鬆此亦物產之自然

看地亦要

平岡平陽看法與山龍一般第一先看神氣土色第二要看龍身活潑靈動第三要看界割清切第四要看四面四應都有真情顧穴第五要看過峽起伏第六要看坐向水氣止蓄團聚第七要看下砂關攔有情有力第八要看八方平順第九要看穴情真的第十要看砂水相稱穴情隱顯偏正然後再言點穴立向之得失苟能如是誤人之過自少矣

得氣所生

大凡發地塚上都生樹木其所由來亦由用法所得之

氣而生者也如海甯陳氏祖墳塚上生檀樹常州呂狀
元祖墳塚上出楊樹上虞沈侍郎塚上生松樹宜興崔
氏墳塚上出朴樹以上所生樹木等等必由面前所得
之氣而生該家位至極品族盛丁蕃富貴不歇惟塚墩
上天生樹木得氣所生故不可伐伐去傷丁勢所不免
余友姓姜名堅號實夫祖墳在江都北门外塚上生穀
樹大有數尺姜以因穀樹中空擇吉砍去道光十年冬
季兄弟四人少丁都犯血症而死此乃伐樹之故也余
恐人家將墳塚上樹木亂砍故特誌之

四大承氣

地理有四大承氣法土承積木承風水承氣石承煞凡有煞氣凹見斷不可堆砌石工等ゝ石能招煞故忌水堆止能止衆止龍氣遇水而止墳地切貴乎得水大凡墳地有凹風吹着者忌種樹木因木能招風山地更甚切忌積者高也厚也堅細而有光彩者謂之積故擇土貴堅細而有光彩者也

四時承法

天時雨陰暴土砂土浮面爲雨所淘最爲難承然土雖

滋潤必帶潮濕所謂剝皮者是也天氣嚴寒雨雪濃霜之後粗鬆浮土必定凍酥不必粗鬆浮土而然即氣落砂體潮濕之地無不皆然四季恐色之要有氣有神者春初草必先青綠無氣無神者草必遲發而早凋秋冬九十月衰草如老年頭髮一般頹而色淡枯而無神者定然無氣耳者地土粗鬆多生粗根根深之草木如夏秋多生蕨草菖根之類石多土少定出拳曲之木此亦理之必然者也

天池攷驗

山頂上有池水謂之天漢又名天池下有真結上必有天漢不拘山之大小幹龍起頂將道結穴處頂上定有此水此亦陰陽自然之理也蘇州范墳上有池三個宜真龍池上亦有池三個江陰香山山雖低小頂有池七個揚州甘泉山頂上亦有池其味甚甘故名之江甯保山鍾山頂上都有池鍾山下有明太祖孝陵在焉保山下有方氏祖墳在焉此水是天地精靈之氣所結最為尊貴

土在是穴即在是

探土有山地平洋之别山地最難就脉入首有穴情将
似者必探其土色可否然後點穴方不至誤土必要色
四色五色堅潤爲妙平洋探土第一要開下四五寸即
見吉土爲佳次要左右近界兩傍黄土要深深則方見
吉土之起處爲是如龜脊牛背之形及開下一尺二尺
見黄土者即有潮濕之患

忌動朽板

太平日久山地非舊時真面目者居多不可不加意細
察張氏祖墳曾爲李氏安阡不數年李氏墳又改爲别

姓更換一姓雖仍一回故曰非舊時真面目也墳塋每
每逢着盤地都由心眼粗疏之故輕易勸人扦枯腐骨
并有遮攔别姓墳墓之向道以至敗絕并有不顧人之
可否因有小利可圖而不顧人者種種弊端罪不容誅
爲將來者戒余於道光丁亥年冬季遊吳門見西跨塘
之西有吳氏墳墓乙酉年八月新阡葬時勸其主枯骨
年數地師即於是年死絕吳氏不及二年亦絕此勸人
枯骨之報也大凡擇地安葬必先積德地有吉凶德有
厚薄積薄者葬凶德厚者葬吉此乃天地陰陽自然之

理也無德者欲葬吉地本屬妄想還要勸人枯骨碍人風水天降突缺非絕而何如常熟虞山無錫惠山常州茶山蘇州七子墳墓垂而又垂疊而又疊猶如閶門市廛一般開鑿金井難免不遇稍見磚灰等件理當讓一根而根地步塚壞坍塌隨時堆好去有力者易尋吉地以安其祖父方為君善否則數百年之後難免別人又來勸爾祖爾父之棺槨理勢之所必然者也

關繫非輕

醫家不費心力心眼不到誤投藥餌藥殺一人堪輿心

眼不到誤阡墳墓絕人一門關繫如此可不慎哉可不慎哉

初葬合葬異同

新做墳墓只要顧山向水口立穴定向用法之得排得耳老墳上附葬有塚自有八方先要查在何方何位流年空利吉即合葬亦要推算得失與初葬更要小心何也初葬是初葬之時合葬是合葬之時陰陽顛倒竟有大相懸絕者可不加意細察乎

保墓良規

古卿大夫為石槨三年不成孔子聞之尚有速朽之嘆今人稍有資財亦為石槨竟有四五年不成者如此造作傷龍脉泄地氣其弊不可勝言古人擇地必取有氣之地且以承天降陽和之氣下浹於地天地生氣交接自然潮濕之患乃不思使其交接反用石板鋪塞使天地之氣隔絶日久月長水蓄枋槨勢所必然其弊一也方當盛時壙丁有意損傷年修年塌藉為利藪及其衰也工程坍壞壙丁竊取為坑為廁無所不至祖宗經紀

左前今日反為下人蹧蹋其弊二也甚至不肖子孫乃曰某可以變錢某可以易米當其造作之時惟恐他人毀壞工作堅固不料子孫親自拆毀陷於不孝其弊三也種種弊端都由磚石之所招耳償思彼之厚葬不過欲其悠久不替以盡為子之道然非大忠大孝大有功德於天下者焉能冥冥呵護耶今為世之有力者計將此石工之費買田數十百頃設立義庄使死生貧苦長享其利如此不特墳丁無所施其詭技不肖無所售其妄想俾世世子孫承天之庥永保無疆非萬全之策哉

天元歌原序

昔我師授我以玉函之秘曰天氣生魂地氣生魄陰陽魂魄造化之精英性命之根底於是乎寓焉若祖宗父母葬不得所則二象薄蝕五行為災身且不保而何有於延年獲福今授子以玉函之秘山原氷國二宅奥樞能窮其旨是即人世金丹但天道深微傳非其人毫釐千里適足自誤誤人爾於是薰沐敬受而徽言妙義不克驟通小憤則昏旦失經大疑則寒暑易序比其曉悟星歲十週又復遍考遺踪驗其得失蓋鞅掌者二十年

跰胝者數千里乃得內無惑思外無疑製故頗廣志殷
嘗持與義以贈後人而見淺見深多方歧誤或始信而
終疑或得半而自足或以偽而亂真欲求通曉良為不
易惟樵李沈生于生及同郡王生葦資性肫篤服膺不
衰丁酉之歲偕我周生翱翔入越越之彥士觴予於宛
委之山惟時同遊者多人呂子相烈求卜一邱奉藏母
翣并於宛委南麓為定馬鬣之封而呂子之再從叔師
濂及弟洪烈先與予詩酒倡和得意忘形縞帶紵衣頗
言古處呂氏諸子之定交於予匪朝伊夕矣夫於越諸

山祖于金庭天姥要於四明若耶霄客之所都居羽人之所遊衍頤隨同好之士披衣嵐岫坐嘯巖阿以故酉戌之後歲必適越三浙以東虞江以西足跡幾遍呂子同遊日久山川之變態心目洞然又欲周知昔人裁制之法而進問於予予遵奉師訓敬授以玉函秘義而總其要為天元歌五篇呂氏世族代產聞人挺茲後昆詎慚先哲是能曲暢斯歌不晦雲陽之旨使有覺之類咸識慎終則太始之餘巧未必非利濟之全能也以是窮探道奧夫豈遠乎

順治己亥日月會於元枵之次中陽大鴻氏題於會稽之樵風涇

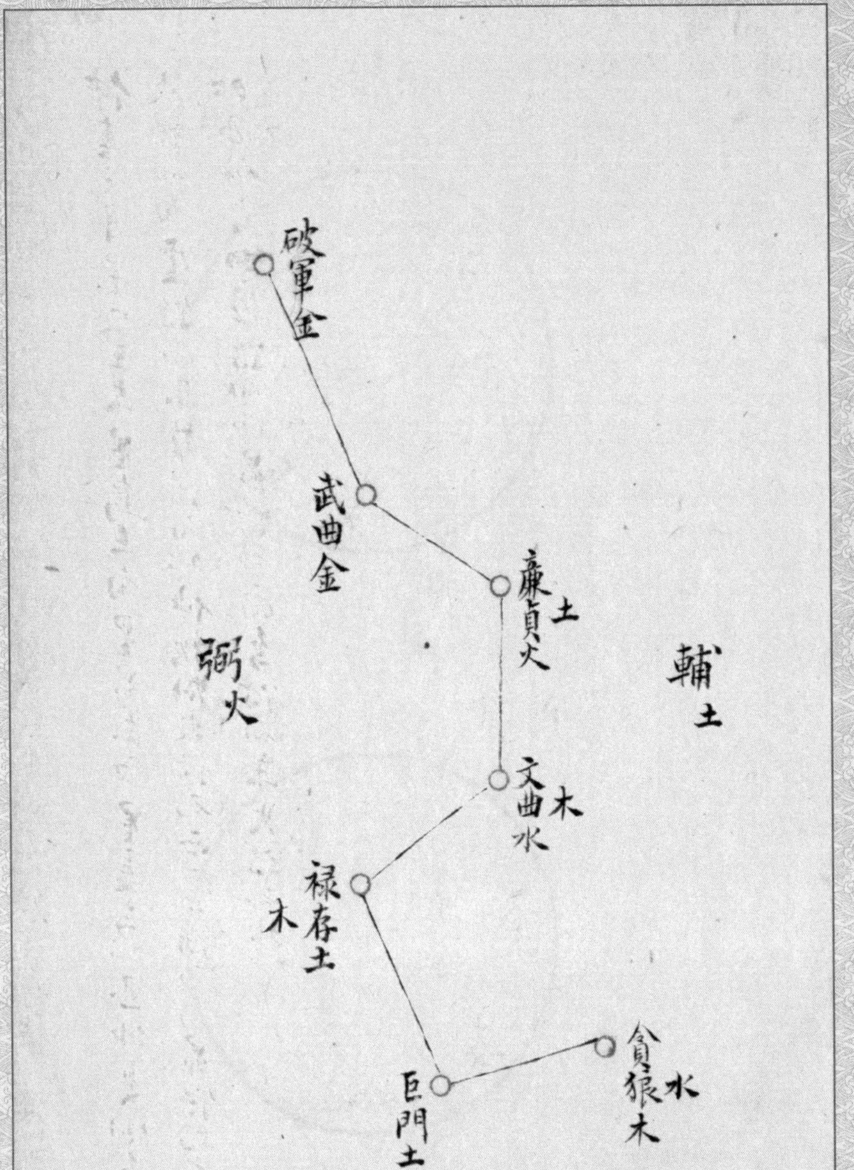
破軍金
武曲金
廉貞火
土
弼火
輔土
文曲水
木
祿存土
木
巨門土
貪狼木
水

仲春之月星火在東星鳥在南星昴在西星虛在北至仲夏則鳥轉而西火轉而南虛轉而東昴轉而北仲秋則火轉而西虛轉而南昴轉而東鳥轉而北至仲冬則虛轉而西昴轉而南鳥轉而東火轉而北

先天八卦方位

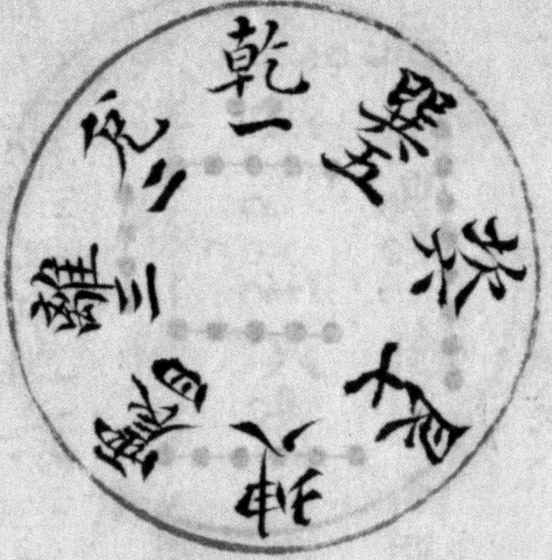

後天八卦方位

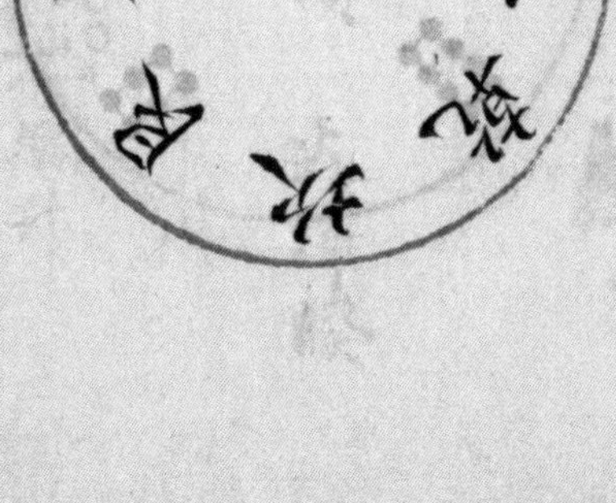

河圖

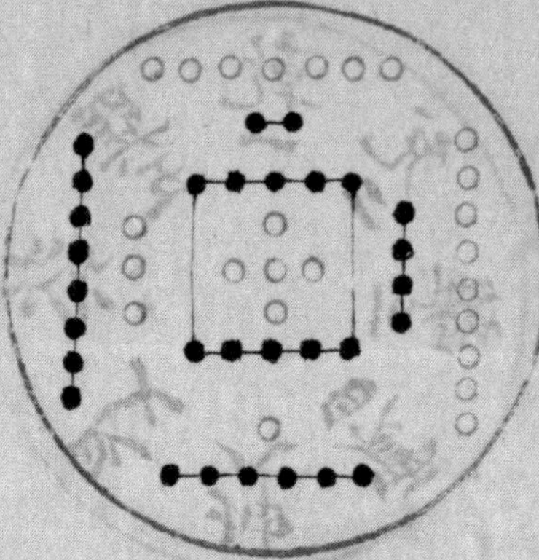

天一地二天三地四天五地六天七地八天九地十天數二十有五地數三十凡天地之數五十有五

洛書

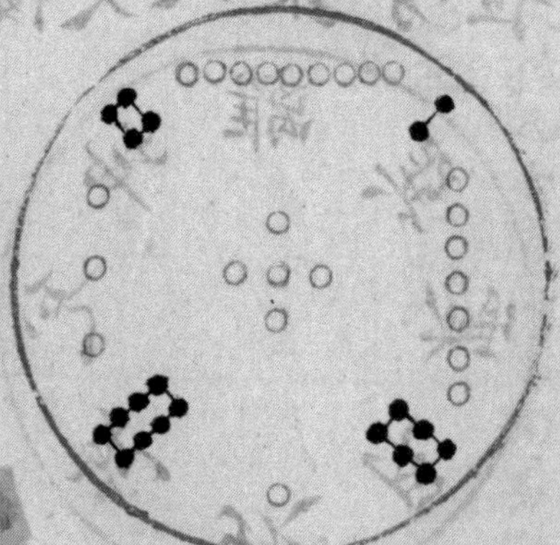

戴九履一左三右七二四為肩六八為足

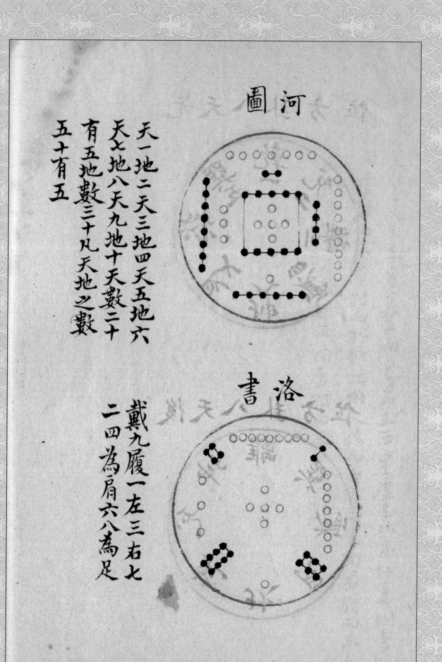

分宮卦象次序乾坎艮震為陽四宮巽離坤兌為陰四宮每宮陰陽八卦

乾為天　天風姤　天山遯　天地否　風地觀

山地剥　火地晉　火天大有

坎為水　水澤節　水雷屯　水火既濟　澤火革

雷火豐　地火明夷　地水師

艮為山　山火賁　山天大畜　山澤損　火澤睽

天澤履　風澤中孚　風山漸

震為雷　雷地豫　雷水解　雷風恒　地風升

水風井　澤風大過　澤雷隨

巽為風　風天小畜　風火家人　風雷益　天雷无妄
　火雷噬嗑　山雷頤　山風蠱
離為火　火山旅　火風鼎　火水未濟　山水蒙
　風水渙　天水訟　天火同人
坤為地　地雷復　地澤臨　地天泰　雷天大壯
　澤天夬　水天需　水地比
兌為澤　澤水困　澤地萃　澤山咸　水山蹇
　地山謙　雷山小過　雷澤歸妹

周公六十四卦象辭

乾 ䷀ 天行健君子以自彊不息

坤 ䷁ 地勢坤君子以厚德載物

屯 ䷂ 雲雷屯君子以經綸

蒙 ䷃ 山下出泉蒙君子以果行育德

需 ䷄ 雲上於天需君子以飲食宴樂

訟 ䷅ 天與水違行訟君子以作事謀始

師 ䷆ 地中有水師君子以容民畜衆

比 ䷇ 地上有水比先王以建萬國親諸侯

小畜 ䷈ 風行天上小畜君子以懿文德

履 ䷉ 上天下澤履君子以辯上下定民志

泰 ䷊ 天地交泰后以財成天地之道輔相天地之
宜以左右民

否 ䷋ 天地不交否君子以儉德辟難不可榮以
祿

同人 ䷌ 天與火同人君子以類族辨物

大有 ䷍ 火在天上大有君子以遏惡揚善順天
休命

謙 ䷎ 地中有山謙君子以裒多益寡稱物平施

豫 ䷏ 雷出地奮豫先王以作樂崇德殷薦之上
帝以配祖考

隨 ䷐ 澤中有雷隨君子以嚮晦入宴息

蠱 ䷑ 山下有風蠱君子以振民育德

臨 ䷒ 澤上有地臨君子以敎思无窮容保民无
疆

觀 ䷓ 風行地上觀先王以省方觀民設敎

噬嗑 ䷔ 雷電噬嗑先王以明罰勑法

賁 ☶☲ 山下有火賁君子以明庶政无敢折獄

剝 ☶☷ 山附於地剝上以厚下安宅

復 ☷☳ 雷在地中復先王以至日閉關商旅不行后
不省方

无妄 ☰☳ 天下雷行物與无妄先王以茂對時育
萬物

大畜 ☶☰ 天在山中大畜君子以多識前言往行
以畜其德

頤 ☶☳ 山下有雷頤君子以愼言語節飲食

大過 ䷛ 澤滅木大過君子以獨立不懼遯世无、悶

坎 ䷜ 水洊至習坎君子以常德行習教事

離 ䷝ 明兩作離大人以繼明照于四方

咸 ䷞ 山上有澤咸君子以虛受人

恒 ䷟ 雷風恒君子以立不易方

遯 ䷠ 天下有山遯君子以遠小人不惡而嚴

大壯 ䷡ 雷在天上大壯君子以非禮弗履

晉 ䷢ 明出地上晉君子以自昭明德

明夷䷣明入地中明夷君子以莅衆用晦而明

家人䷤風自火出家人君子以言有物而行有恆

睽䷥上火下澤睽君子以同而異

蹇䷦山上有水蹇君子以反身脩德

解䷧雷雨作解君子以赦過宥罪

損䷨山下有澤損君子以懲忿窒欲

益䷩風雷益君子以見善則遷有過則改

夬䷪澤上於天夬君子以施祿及下居德則忌

姤 ䷫ 天下有風姤后以施命誥四方

萃 ䷬ 澤上於地萃君子以除戎器戒不虞

升 ䷭ 地中生木升君子以順德積小以高大

困 ䷮ 澤无水困君子以致命遂志

井 ䷯ 木上有水井君子以勞民勸相

革 ䷰ 澤中有火革君子以治歷明時

鼎 ䷱ 木上有火鼎君子以正位凝命

震 ䷲ 洊雷震君子以恐懼脩省

艮 ䷳ 兼山艮君子以思不出其位

漸 ䷴ 山上有木漸君子以居賢德善俗

歸妹 ䷵ 澤上有雷歸妹君子以永終知敝

豐 ䷶ 雷電皆至豐君子以折獄致刑

旅 ䷷ 山上有火旅君子以明慎用刑而不留獄

巽 ䷸ 隨風巽君子以申命行事

兌 ䷹ 麗澤兌君子以朋友講習

渙 ䷺ 風行水上渙先王以享于帝立廟

節 ䷻ 澤上有水節君子以制數度議德行

中孚 ䷼ 澤上有風中孚君子以議獄緩死

小過 ䷽ 山上有雷小過君子以行過乎恭喪過乎哀用過乎儉

既濟 ䷾ 水在火上既濟君子以思患而豫防之

未濟 ䷿ 火在水上未濟君子以慎辨物居方

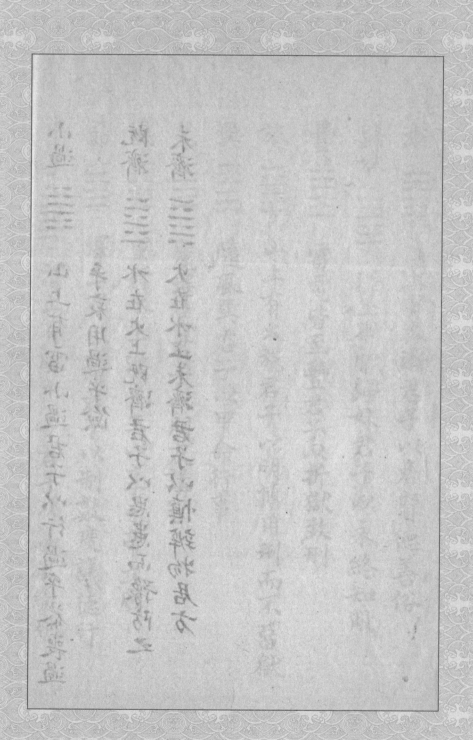

節錄周易說卦傳

乾健也坤順也震動也巽入也坎陷也離麗也艮止也兌說也說音悅此言八卦之性情

乾為馬坤為牛震為龍巽為雞坎為豕離為雉艮為狗兌為羊遠取諸物

乾為首坤為腹震為足巽為股坎為耳離為目艮為手兌為口近取諸身

乾為天為圜為君為父為玉為金為寒為冰為大赤為良馬為老馬為瘠馬為駁馬為木果圜音圓荀九家此下有為龍為直為

衣為言

坤為地為母為布為釜為吝嗇為均為子母牛為大輿為文為衆為柄其於地也為黑荀九家有為牝為迷為方為囊為裳為黃為帛為漿

震為雷為龍為玄黃為旉為大塗為長子為決躁為蒼筤竹為萑葦其於馬也為善鳴為馵足為作足為的顙其於稼也為反生其究為健為蕃鮮馵音注馬後足白也荀九家有為玉為鵠為鼓

巽為木為風為長女為繩直為工為白為長為高為進

退為不果為臭其於人也為寡髮為廣顙為多白眼為
近利市三倍其究為躁卦荀九家有為楊為鸛
坎為水為溝瀆為隱伏為矯輮為弓輪其於人也為加
憂為心病為耳痛為血卦為赤其於馬也為美脊為亟
心為下首為薄蹄為曳其於輿也為多眚為通為月為
盜其於木也為堅多心荀九家有為宮為律為可為棟為叢棘為狐為蒺藜為桎梏
離為火為日為電為中女為甲胄為戈兵其於人也為
大腹為乾卦為鱉為蟹為蠃為蚌為龜其於木也為科
上槁乾音干荀九家有為牝牛

艮為山為徑路為小石為門闕為果蓏為閽寺為指為狗為鼠為黔喙之屬其於木也為堅多節蓏音裸荀九家有為鼻為虎為狐

兌為澤為少女為巫為口舌為毀折為附決其於地也為剛鹵為妾為羊荀九家有為常為輔頰

古者包犧氏之王天下也仰則觀象於天俯則觀法於
地觀鳥獸之文與地之宜近取諸身遠取諸物於是始
作八卦以通神明之德以類萬物之情作結繩而為罔
罟以佃以漁蓋取諸離包犧氏沒神農氏作斲木為耜
揉木為耒耒耨之利以教天下蓋取諸益日中為市致
天下之民聚天下之貨交易而退各得其所蓋取諸噬
嗑神農氏沒黃帝堯舜氏作通其變使民不倦神而化
之使民宜之易窮則變變則通通則久是以自天祐之

吉无不利黃帝堯舜垂衣裳而天下治蓋取諸乾坤刳木為舟剡木為楫舟楫之利以濟不通致遠以利天下蓋取諸渙服牛乘馬引重致遠以利天下蓋取諸隨重門擊柝以待暴客蓋取諸豫斷木為杵掘地為臼臼杵之利萬民以濟蓋取諸小過弦木為弧剡木為矢弧矢之利以威天下蓋取諸睽上古穴居而野處後世聖人易之以宮室上棟下宇以待風雨蓋取諸大壯古之葬者厚衣之以薪葬之中野不封不樹喪期无數後世聖人易之以棺槨蓋取諸大過上古結繩而治後世聖人

易之以書契百官以治萬民以察蓋取諸夬

青烏子 漢時人或云彭祖弟子 張鬼靈 李麟注海角經

唐邱延翰遇太一真人授以地理書即海角經也

晉郭璞撰錦囊經

唐楊益 筠松 又唐時有僕都監楊筠松傳廖三傳三傳傳其子禹

唐曾求己 公安 禹傳其婿謝世南世南傳其子謝永錫

蔣平階 大鴻

厲布衣 宋嘉定時人廣人以善術稱布衣

風雲百備三千里誰是文壇第一賢我乃夢花仙品
格與君同是結前緣今生終身當有生生之機幸勿
一誤再誤年老人悟記病百三秋安瘥吾有一言訓
之蹤破雲山徧覓其今年雖退子雷風示細察之思
有味焉氣須逢收決定起

占筮類

1	擲地金聲搜精秘訣	心一堂編	沈氏研易樓藏稀見易占秘鈔本
2	卜易拆字秘傳百日通	心一堂編	
3	易占陽宅六十四卦秘斷	心一堂編	火珠林占陽宅風水秘鈔本

星命類

4	斗數宣微	【民國】王裁珊	民初最重要斗數著述之一；未刪改本
5	斗數觀測錄	【民國】王裁珊	失傳民初斗數重要著作
6	《地星會源》《斗數綱要》合刊	心一堂編	失傳的第三種飛星斗數
7	《斗數秘鈔》《紫微斗數之捷徑》合刊	心一堂編	珍稀「紫微斗數」舊鈔秘本
8	斗數演例	心一堂編	
9	紫微斗數全書（清初刻原本）	題【宋】陳希夷	斗數全書本來面目；有別於錯誤極多的坊本
10－12	鐵板神數（清刻足本）——附秘鈔密碼表	題【宋】邵雍	無錯漏原版 秘鈔密碼表 首次公開！
13－15	蠢子數纏度	題【宋】邵雍	蠢子數連密碼表 打破數百年秘傳 首次公開！
16－19	皇極數	題【宋】邵雍	清鈔孤本附起例及完整密碼表 研究神數必讀！
20－21	邵夫子先天神數	題【宋】邵雍	附手鈔密碼表 研究神數必讀！
22	八刻分經定數（密碼表）	題【宋】邵雍	皇極數另一版本；附手鈔密碼表
23	新命理探原	【民國】袁樹珊	子平命理必讀教科書！
24－25	袁氏命譜	【民國】袁樹珊	
26	韋氏命學講義	【民國】韋千里	民初二大命理家南袁北韋
27	千里命稿	【民國】韋千里	北韋之命理經典
28	精選命理約言	【民國】韋千里	
29	滴天髓闡微——附李雨田命理初學捷徑	【民國】袁樹珊、李雨田	命理經典未刪改足本
30	段氏白話命學綱要	【民國】段方	民初命理經典最淺白易懂
31	命理用神精華	【民國】王心田	學命理者之寶鏡

32	命學探驪集	【民國】張巢雲	發前人所未發 稀見民初子平命理著作
33	澹園命談	【民國】高澹園	
34	算命一讀通——鴻福齊天	【民國】不空居士、覺先居士合纂	
35	子平玄理	【民國】施惕君	
36	星命風水秘傳百日通	心一堂編	
37	命理大四字金前定	題【晉】鬼谷子王詡	源自元代算命術
38	命理斷語義理源深	心一堂編	稀見清代批命斷語及活套
39－40	文武星案	【明】陸位	失傳四百年《張果星宗》姊妹篇 千多星盤命例　研究命學必備
相術類			
41	新相人學講義	【民國】楊叔和	失傳民初白話文相術書
42	手相學淺說	【民國】黃龍	民初中西結合手相學經典
43	大清相法	心一堂編	重現失傳經典相書
44	相法易知	心一堂編	
45	相法秘傳百日通	心一堂編	
堪輿類			
46	靈城精義箋	【清】沈竹礽	沈氏玄空遺珍 玄空風水必讀
47	地理辨正抉要	【清】沈竹礽	
48	《玄空古義四種通釋》《地理疑義答問》合刊	沈瓞民	
49	《沈氏玄空吹虀室雜存》《玄空捷訣》合刊	【民國】申聽禪	
50	漢鏡齋堪輿小識	【民國】查國珍、沈瓞民	
51	堪輿一覽	【清】孫竹田	失傳已久的無常派玄空經典
52	章仲山挨星秘訣（修定版）	【清】章仲山	章仲山無常派玄空珍秘 門內秘本首次公開
53	臨穴指南	【清】章仲山	
54	章仲山宅案附無常派玄空秘要	心一堂編	沈竹礽等大師尋覓一生末得之珍本！
55	地理辨正補	【清】朱小鶴	玄空六派蘇州派代表作
56	陽宅覺元氏新書	【清】元祝垚	簡易・有效・神驗之玄空陽宅法
57	地學鐵骨秘　附　吳師青藏命理大易數	【民國】吳師青	釋玄空廣東派地學之秘
58－61	四秘全書十二種（清刻原本）	【清】尹一勺	玄空湘楚派經典本來面目 有別於錯誤極多的坊本

62	地理辨正補註　附　元空秘旨　天元五歌　玄空精髓　心法秘訣等數種合刊	【民國】胡仲言	貫通易理、巒頭、三元、三合、天星、中醫
63	地理辨正自解	【清】李思白	公開玄空家「分率尺、工部尺、量天尺」之秘
64	許氏地理辨正釋義	【民國】許錦灝	民國易學名家黃元炳力薦
65	地理辨正天玉經內傳要訣圖解	【清】程懷榮	秘訣一語道破，圖文并茂
66	謝氏地理書	【民國】謝復	玄空體用兼備、深入淺出
67	論山水元運易理斷驗、三元氣運說附紫白訣等五種合刊	【宋】吳景鸞等	失傳古本《玄空秘旨》《紫白訣》
68	星卦奧義圖訣	【清】施安仁	
69	三元地學秘傳	【清】何文源	
70	三元玄空挨星四十八局圖說	心一堂編	三元玄空門內秘笈　清鈔孤本　過去均為必須守秘不能公開秘密　與今天流行飛星法不同
71	三元挨星秘訣仙傳	心一堂編	
72	三元地理正傳	心一堂編	
73	三元天心正運	心一堂編	
74	元空紫白陽宅秘旨	心一堂編	
75	玄空挨星秘圖　附　堪輿指迷	心一堂編	
76	姚氏地理辨正圖說　附　地理九星并挨星真訣全圖　秘傳河圖精義等數種合刊	【清】姚文田等	蓮池心法　玄空六法門內秘鈔本首次公開
77	元空法鑑批點本——附　法鑑口授訣要、秘傳玄空三鑑奧義匯鈔　合刊	【清】曾懷玉等	
78	元空法鑑心法	【清】曾懷玉等	
79	曾懷玉增批蔣徒傳天玉經補註【新修訂版原（彩）色本】	【清】項木林、曾懷玉	
80	地理學新義	【民國】俞仁宇撰	揭開連城派風水之秘
81	地理辨正揭隱（足本）　附連城派秘鈔口訣	【民國】王邈達	
82	趙連城傳地理秘訣附雪庵和尚字字金	【明】趙連城	
83	趙連城秘傳楊公地理真訣	【明】趙連城	
84	地理法門全書	仗溪子、芝罘子	巒頭風水，內容簡核、深入淺出
85	地理方外別傳	【清】熙齋上人	巒頭形勢、「望氣」「鑑神」
86	地理輯要	【清】余鵬	集地理經典之精要
87	地理秘珍	【清】錫九氏	巒頭、三合天星，圖文並茂
88	《羅經舉要》附《附三合天機秘訣》	【清】賈長吉	清鈔孤本羅經、三合訣法圖解
89-90	嚴陵張九儀增釋地理琢玉斧巒	【清】張九儀	清初三合風水名家張九儀經典清刻原本！

91	地學形勢摘要	心一堂編	形家秘鈔珍本
92	《平洋地理入門》《巒頭圖解》合刊	【清】盧崇台	平洋水法、形家秘本
93	《鑒水極玄經》《秘授水法》合刊	【唐】司馬頭陀、【清】鮑湘襟	千古之秘，不可妄傳匪人
94	平洋地理闡秘	心一堂編	雲間三元平洋形法秘鈔珍本
95	地經圖說	【清】余九皋	形勢理氣、精繪圖文
96	司馬頭陀地鉗	【唐】司馬頭陀	流傳極稀《地鉗》
97	欽天監地理醒世切要辨論	【清】欽天監	公開清代皇室御用風水真本
三式類			
98－99	大六壬尋源二種	【清】張純照	六壬入門、占課指南
100	六壬教科六壬鑰	【民國】蔣問天	由淺入深，首尾悉備
101	壬課總訣	心一堂編	過去術家不外傳的珍稀六壬術秘鈔本
102	六壬秘斷	心一堂編	
103	大六壬類闡	心一堂編	
104	六壬秘笈——韋千里占卜講義	【民國】韋千里	六壬入門必備
105	壬學述古	【民國】曹仁麟	依法占之，「無不神驗」
106	奇門揭要	心一堂編	集「法奇門」、「術奇門」精要
107	奇門行軍要略	【清】劉文瀾	條理清晰、簡明易用
108	奇門大宗直旨	劉毗	天下孤本　首次公開 虛白廬藏本《秘藏遁甲天機》 奇門不傳之秘　應驗如神
109	奇門三奇干支神應	馮繼明	
110	奇門仙機	題【漢】張子房	
111	奇門心法秘纂	題【漢】韓信（淮陰侯）	
112	奇門廬中闡秘	題【三國】諸葛武侯註	
選擇類			
113－114	儀度六壬選日要訣	【清】張九儀	清初三合風水名家張九儀擇日秘傳
115	天元選擇辨正	【清】一園主人	釋蔣大鴻天元選擇法
其他類			
116	述卜筮星相學	【民國】袁樹珊	民初二大命理家南袁北韋
117－120	中國歷代卜人傳	【民國】袁樹珊	南袁之術數經典